NOUVELLE BIBLIOTHÈQUE JUNIOR

Vocabulaire

Détournement

Für das 3. Lernjahr noch unbekannte Formen des *conditionnel* sind in der konjugierten Form angegeben. Die deutsche Entsprechung der Vokabeln bezieht sich meist auf den Kontext der Erzählung und entspricht nicht immer der Hauptbedeutung.

A
s'**agiter** unruhig sein, lärmen
ajouter hinzufügen
l'**alerte** *f.* der Alarm
s'**allonger** sich hinlegen
appartenir gehören
appuyer drücken
armé/e bewaffnet
revenir en **arrière** einen Rückzieher machen
s'**asseoir** sich setzen
attacher zusammenbinden
l'**attardé** *m.* der Zurückgebliebene
attentif/-ive aufmerksam
j'**aurais dû** ich hätte müssen/sollen

B
bafouiller stammeln
baisser herunternehmen, senken
le **barrage** die Sperre
baver sabbern
bête dumm
le **bord** der Rand
la **bouche** der Mund
se **brouiller** verschwimmen

brusquement plötzlich

C
le **carreau** die Fensterscheibe
celui (du chauffeur) das (des Fahrers)
une **certaine** eine gewisse
le **chouchou** der Liebling
chuchoter flüstern
mettre au **clair** klären
cogner klopfen
conclure zum Schluss kommen
conduire fahren
la **connerie** der Blödsinn
le **corps** der Körper
à **côté de** neben
le **côté** die Seite
le **cou** der Hals
le **couloir** der Gang
le **coup de pied** der Fußtritt
le **coup de poing** der Faustschlag
couper schneiden
crispé/e angespannt, verkrampft
le **cutter** das Teppichmesser

D
se **débattre** sich wehren, sich verteidigen
débile schwachsinnig
rester **debout** stehen bleiben
déclarer erklären, aussagen
démarrer losfahren
se **dépêcher** sich beeilen
dessus darüber
détacher voneinander trennen
le **détournement** die Entführung
détourner entführen
je **devrais** ich müsste
on **dirait** man könnte meinen

disparaître verschwinden
être **divorcé/e** geschieden sein
doucement sanft, leise

E

l'**élastique** *m.* das (Haar-)Gummi
embarquer mitnehmen
embrasser umarmen, küssen
embrouiller durcheinanderbringen
emmener mitnehmen, hinbringen
l'**erreur** *f.* der Irrtum
l'**établissement** *m.* das Schulgebäude
s'**étirer** sich ziehen
s'**exclamer** (aus)rufen

F

le **feutre** der Filzstift
je m'en **fiche** das ist mir egal

le **fond (du bus)** der hintere Teil (des Busses)
la porte du **fond** die hintere Tür
le **forcené** der Gewalttäter
forcer zwingen
fou/folle verrückt

G

les **gamins** *m.* die Kinder
grâce à dank
gracieusement anmutig, elegant

H

habituellement üblicherweise
hors du bus aus dem Bus heraus
être de mauvaise **humeur** schlechter Laune sein
hurler schreien

I

immobile unbeweglich
importuner belästigen
inquiet/-iète unruhig
prendre une large **inspiration** tief einatmen
l'**insulte** *f.* die Beleidigung
intercepter abfangen
interrompre unterbrechen
l'**itinéraire** *m.* die (Fahrt-)Route

J

la **joue** die Backe, die Wange

L

la **lame** die Klinge, die Schneide
se **lever** aufstehen
la **lèvre** die Lippe

M

maîtriser überwältigen
marron braun
mater anstarren
se **méfier** misstrauisch sein
menacer bedrohen
sans **ménagement** ohne Rücksicht
les **menottes** *f.* die Handschellen
mentir (an-)lügen
se **mettre à** beginnen (zu), anfangen (zu)
modifier ändern
se **moquer** sich lustig machen
la **moquette** der Teppichboden
murmurer murmeln

N

ni... ni... weder ... noch
neuf/neuve neu

O
obliger nötigen, zwingen
originaire de aus

P
pâle blass
la **parole** das (Ehren-)Wort
parvenir schaffen
patiner Schlittschuh laufen
la **patinoire** die Eislaufbahn
pétrifié/e versteinert (vor Angst)
se **planter** sich stellen
plusieurs fois mehrmals
à **plusieurs reprises** wiederholt
le **poignet** das Handgelenk
au **point que** so sehr, dass
pousser stoßen
se **prénommer** mit Vornamen heißen
prévenir informieren, warnen
le **principal** der Schulleiter (eines *collège*)

Q
une **quinzaine** ungefähr fünfzehn

R
ralentir abbremsen
le bus de **ramassage scolaire** der Schulbus
ramener zurückbringen
se **ratatiner** sich zusammenkauern
refuser sich weigern
relever wieder aufstehen
se **rendre** hinfahren, gelangen
se **rendre compte** sich klar werden
repartir weiterfahren

avoir un peu de **retard** ein bisschen zurückgeblieben sein
la **rivière** der Fluss

S
le **secours** die Hilfe
se **serrer contre** sich drücken gegen
le **siège** der Sitz
soudain plötzlich
sourire lächeln
stupéfait/e verwundert
supplier anflehen
supporter ertragen, ausstehen
sursauter zusammenfahren, aufschrecken
la **syllabe** die Silbe

T
se **taire** schweigen, still sein
tellement so (sehr)
tendre reichen

tenter versuchen
la **toile** das Leinen
tordre verdrehen
trahir verraten
transpirer schwitzen
de **travers** anders
trembler zittern

U
urgent/e dringend

V
le **véhicule** das Fahrzeug
le **velours** der Samt
vérifier überprüfen
pleuvoir à **verse** in Strömen regnen

Cathy Ytak

Détournement

Nouvelle Bibliothèque Junior

Cathy Ytak · **Détournement**

Herausgeber	Thilo Karger, Klaus Mengler
Vokabelannotationen	Thilo Karger
Verlagsredaktion	Corinna Martin-Werner
Gesamtgestaltung und technische Umsetzung	Buchgestaltung+, Berlin
Umschlagfoto	Getty Images/AFP: © Guillot

www.cornelsen.de

1. Auflage, 4. Druck 2024

Alle Drucke dieser Auflage sind inhaltlich unverändert und können im Unterricht nebeneinander verwendet werden.

© 2008 Cornelsen Verlag, Berlin
© 2016 Cornelsen Verlag GmbH, Berlin

Das Werk und seine Teile sind urheberrechtlich geschützt. Jede Nutzung in anderen als den gesetzlich zugelassenen Fällen bedarf der vorherigen schriftlichen Einwilligung des Verlages. Hinweis zu §§ 60 a, 60 b UrhG: Weder das Werk noch seine Teile dürfen ohne eine solche Einwilligung an Schulen oder in Unterrichts- und Lehrmedien (§ 60 b Abs. 3 UrhG) vervielfältigt, insbesondere kopiert oder eingescannt, verbreitet oder in ein Netzwerk eingestellt oder sonst öffentlich zugänglich gemacht oder wiedergegeben werden. Dies gilt auch für Intranets von Schulen und anderen Bildungseinrichtungen.

Druck: Esser printSolutions GmbH, Bretten

ISBN 978-3-06-022708-2

PEFC-zertifiziert
Dieses Produkt stammt aus nachhaltig bewirtschafteten Wäldern und kontrollierten Quellen
PEFC/04-31-2851 www.pefc.de

Agence France Presse.
Lundi, 10 heures.

Ce matin, à sept heures trente, un adolescent âgé de quinze ans a détourné le bus de transport scolaire qu'il prenait habituellement pour se rendre au collège Jacques Prévert, à Lille. Menaçant le conducteur à l'aide d'un cutter, il l'a obligé à modifier son itinéraire.

Les trois enfants présents dans le bus au moment des faits sont parvenus à donner l'alerte via leur téléphone portable. Le véhicule a été intercepté par la police et le jeune forcené a été maîtrisé. Il est actuellement entendu au commissariat de Lille.

Chapitre 1

Lundi, 7 heures.

J'ai mal à la tête. Je suis de mauvaise humeur. Ce matin, j'étais en train de rêver de Chloé quand le réveil a sonné. Je croyais qu'elle était venue me voir. Mais ça n'était pas vrai, c'était juste un rêve. J'ai eu envie de donner un coup de poing sur le réveil pour le casser. Je me suis levé. Je me suis dit : on est lundi, et je n'aime pas ce jour-là. Le lundi, il y a cinq jours à attendre avant le vendredi. Le vendredi soir, ma mère m'emmène chez mon père à Tourcoing, et le samedi, je peux aller voir Chloé à la patinoire. Parfois, elle n'y va pas. Parfois, elle y va. Mon père me ramène le dimanche soir à Anicourt (c'est mon village), à une quinzaine de kilomètres de Lille. C'est comme ça tout le temps depuis que mes parents sont divorcés. Si je vois Chloé à la patinoire, je suis content. Le week-end passé, c'est-à-dire hier et avant-hier, je ne l'ai pas vue. C'est pour ça que je suis de mauvaise humeur.

Et puis, tout à l'heure, en sortant de la maison, j'ai entendu la voisine murmurer :

— Tiens, le gros débile est en avance, aujourd'hui !

« Gros débile », c'est une insulte grave, et je ne supporte pas qu'on me dise ça. Je suis un peu gros, d'accord, mais je suis grand aussi. Et je ne suis pas débile. Ma mère dit que j'ai un peu de retard, mais que ça ne fait rien. Je crois qu'elle dit ça parce que, parfois, je fais les choses de travers. La voisine, elle, raconte à tout le monde que j'ai cinq ans dans ma tête. Mais comment peut-elle savoir ce que j'ai dans la tête ?

Chloé, elle, elle ne me trouve ni gros, ni débile, ni en retard. Elle dit que je suis gentil.

Maintenant, j'attends le bus de ramassage scolaire pour aller au collège Jacques Prévert. Il fait froid et il pleut, et j'ai oublié de prendre mon imperméable.

Chapitre 2

Je n'aime pas ce nouveau chauffeur. Il n'est pas sympa. C'est un petit homme tout maigre. Il me dit de me dépêcher de monter parce qu'il est en retard. Ça n'est tout de même pas de ma faute ! Dans le bus, il y a déjà les bébés. C'est comme ça que je les appelle. Ils doivent avoir dix ans et vont à la petite école. Ils montent les premiers, puis c'est mon tour, et après, le bus s'arrête encore plusieurs fois avant d'arriver à Lille. Quand je monte à Anicourt, c'est moi le plus vieux et le plus grand.

Je m'assieds derrière le chauffeur. Le bus démarre. Je me dis qu'on est lundi, que je suis de mauvaise humeur, qu'il pleut, que je n'ai pas vu Chloé le week-end dernier et que je vais devoir attendre cinq jours avant de la revoir.

Des fois, je fais des choses sans réfléchir. Dans ma poche de blouson, j'ai un gros cutter. C'est un cutter rouge, avec une lame neuve. Il appartient à mon père, il s'en sert pour couper la moquette. Il ne voulait pas que je joue avec, alors je l'ai mis dans ma poche et puis je l'ai oublié.

Et là, d'un coup, j'ai une idée. J'ai un cutter rouge dans ma poche, et avec ça, je peux aller voir Chloé. Pour aller voir Chloé, j'ai juste besoin qu'on me conduise. C'est tout.

Je prends le cutter dans ma main, je me lève brusquement, je me plante à côté du chauffeur et j'appuie le cutter sur son cou tout maigre. Il sursaute et me dit :

— Mais arrête ! Qu'est-ce que tu fais comme connerie ?

— Ça n'est pas une connerie, je lui dis.

Il ralentit un peu.

— Mais qu'est-ce que tu veux ?

— Je veux aller à Tourcoing.

Le chauffeur tourne la tête et sent le cutter sur son cou. Il se met alors à me parler doucement, comme à un attardé. Il me demande d'aller m'asseoir, il m'explique qu'il y a déjà des enfants dans le bus, que nous sommes en retard, etc.

Je ne pensais plus aux enfants. Comme je leur tourne le dos, ils ne peuvent pas voir ce qui se passe. Je dis :

— Je m'en fiche des bébés. Je veux aller à Tourcoing.

— Tourcoing, ça n'est pas la direction de Lille et c'est à vingt kilomètres d'ici !

— Je sais. Mais si vous ne voulez pas...

Je parle très lentement, pour montrer que je ne suis pas énervé, que je sais ce que je fais. Même si, d'un seul coup, je n'en suis plus très sûr. Mais, cette fois, il est trop tard pour revenir en arrière.

— Si vous savez pas comment on y va, moi je sais...

Le chauffeur ne parle plus, il regarde la route. Je vois qu'il réfléchit. Moi, la route, je la connais. Nous arrivons au grand carrefour. Là, c'est simple : si on va tout droit, on va à Lille, et si on tourne à droite, on va à Tourcoing. Mon cœur se met à battre plus fort. Si le chauffeur refuse...

Mais il a compris que j'étais dangereux. Il tourne à droite, et prend la direction de Tourcoing. Soudain, un des bébés se met à crier :

— Eh ! Pourquoi on va pas à Lille ?

Chapitre 3

Je vérifie que mon cutter est toujours appuyé sur le cou du chauffeur, et je me retourne en hurlant :

— Si j'entends encore un bébé, je le tue, c'est compris ?

Les trois gamins se ratatinent sur leur siège. Ils n'osent même plus respirer, et encore moins pleurer.

Le chauffeur a pris la bonne route. Il ne roule pas très vite, il y a des voitures partout et il pleut à verse. Je m'en fiche, je suis même content. Je vais voir Chloé.

Chloé, je l'ai rencontrée il y a trois mois, un samedi après-midi, à la patinoire. J'aime bien les patinoires. Plus tard, je voudrais faire du hockey sur glace. Mon idole, c'est Rick Nash, des Blue Jackets de Columbus. Chloé, elle, a quatorze ans. Elle a des cheveux bruns, longs, qu'elle attache avec un élastique en velours. Elle appelle ça « un chouchou ». Je lui dis : « Non, ton seul chouchou, c'est moi. »

Elle vient à la patinoire avec ses copines, mais j'arrive quand même à lui parler. Je suis toujours là pour l'aider. Grâce à moi, elle ne tombe jamais. Elle a des yeux marron très clair. Parfois, on dirait qu'ils sont verts. Elle est belle, elle est gentille et intelligente. Dans la semaine, elle va au collège Picasso, à Tourcoing. Je le sais parce que, une fois, je l'ai vue à la sortie de la patinoire. Ses copines l'appelaient :

— Eh, Chloé, tu viens ?

Elle portait un sac en toile. Dessus, elle avait écrit au feutre : « Vive la classe de 4e A Picasso ! »

Je pense à elle tout le temps, je rêve qu'elle vient à Anicourt. Maintenant, je veux la voir, tout de suite, parce que ça fait dix jours que je ne l'ai pas vue.

Le temps de penser à tout ça, nous avons fait au moins trois kilomètres. Il pleut toujours, le chauffeur regarde la route sans bouger la tête. J'entends les bébés qui chuchotent dans le fond du bus. Je sais qu'à dix heures, Chloé a une pause entre ses cours. Elle va être surprise !

Je lui dirai : « Je suis venu te voir. »

Alors elle me sourira et m'embrassera devant ses copines.

Chloé, quand elle sourit, elle a les lèvres qui s'étirent d'un bout à l'autre des joues, comme une jolie rivière. J'ai le cœur qui bat plus vite. J'imagine qu'elle est là, près de moi. Je la prends dans mes bras. Son corps est chaud, j'ai envie de l'embrasser. Elle murmure à mon oreille : « Je t'attendais, je t'attendais... »

Je devrais rester plus attentif, plus concentré, et ne pas trop rêver. La voix du chauffeur me fait sursauter.

— Il va falloir que je m'arrête. Là-bas, il y a un barrage...

— Un barrage de quoi ? je lui demande.

Je vois qu'il hésite à me répondre. Il est pâle et sa voix tremble. Je ne suis pas idiot. Un barrage sur la route, c'est un barrage de police.

Chapitre 4

Le bus ralentit. Une voiture bloque le passage. Je ne comprends pas comment la police a été prévenue. C'est peut-être une erreur. Un homme en uniforme s'approche. Je me serre contre le chauffeur :

— N'ouvrez pas !

— Fais pas de connerie, fais pas de connerie, répète le chauffeur, en tremblant.

Un policier cogne au carreau. Il parle, mais je n'entends pas ce qu'il dit. Un portable se met à sonner. C'est celui du chauffeur. Il transpire, maintenant. Ça m'énerve. Je crie :

— Ne répondez pas !

Dans mon dos, j'entends la voix des bébés, et je comprends qu'ils ont aussi leurs téléphones allumés. J'aurais dû me méfier. Si ça se trouve, ce sont peut-être eux qui m'ont dénoncé. Il y a maintenant trois hommes en uniformes de chaque côté du bus, ils me font signe. Ils voient le cutter rouge, dans ma main. Je ne sais pas quoi faire. Je n'aime pas tous ces flics partout, ces mégaphones, ces voitures garées à droite et à gauche, le portable du chauffeur qui n'arrête pas de sonner, les bébés qui s'agitent dans mon dos... Alors, je dis au chauffeur :

— Répondez !

Le chauffeur me tend le portable :

— La police veut te parler.

Pour qu'on m'entende bien, je hurle :

— Si on me conduit à Tourcoing, je ne ferai de mal à personne, sinon...

— Pourquoi Tourcoing ?
— J'ai rendez-vous.
— Rendez-vous ? Avec qui ?
— Avec une fille.
— Une fille ? Elle s'appelle comment ?
— Chloé.
— Chloé comment ?
— Comment quoi ?
— Son nom de famille...
— Je... je ne sais pas. Elle m'attend, elle m'a donné rendez-vous.
— À Tourcoing ?
— Oui, à Tourcoing.

J'ai mal au ventre.

— C'est à Tourcoing que tu l'as rencontrée ?
— Oui, à la patinoire.
— Où est-elle, en ce moment ?
— Au collège Picasso, en 4e A.

Mes mains commencent à trembler.

— Personne ne pouvait t'y emmener ?

— Non, et je ne veux pas attendre vendredi...

C'est vrai, on est lundi matin, et je ne peux attendre vendredi parce que je n'ai pas vu Chloé depuis dix jours. Si je ne la vois pas maintenant, je vais devenir fou.

La voix reprend, toujours très calme :

— Le vendredi, il y a quelqu'un qui t'emmène la voir, c'est ça ?

C'est là que je me rends compte qu'ils me font parler pour gagner du temps, pour m'embrouiller. Alors je me tais. Je transpire. Puis je me mets à hurler. Si le bus ne peut pas repartir je vais tuer tout le monde. Je ne peux pas la faire attendre, vous comprenez ? JE NE PEUX PAS LA FAIRE ATTENDRE.

Chapitre 5

C'est vrai, je ne peux pas faire attendre Chloé, elle est trop…

Soudain, j'entends du bruit dans mon dos. Je me retourne. Je suis pétrifié.

Deux hommes sont parvenus à entrer dans le bus par la porte du fond. Je ne les ai pas entendus. Mon cœur bat de plus en plus fort. Je menace toujours le chauffeur avec mon cutter mais, maintenant, c'est moi qui ai peur. Je cherche les bébés du regard. Ils ont disparu, ils doivent être cachés sous les sièges.

Les deux hommes sont immobiles, et armés. Dans ma tête, tout se brouille, tout s'embrouille. J'ai peur, je ne sais plus quoi faire.

Un des hommes dit :

— Jette ton cutter.

J'essaie de comprendre ce qui m'arrive. Je pense à Chloé. Je bafouille :

— Pas avant d'être à Tourcoing.

— Si on prévient ton amie que tu es ici, tu jetteras ton cutter ?

Là, je comprends. Ça a marché : je vais voir Chloé. Alors je réfléchis, et je dis oui.

— Nous allons faire sortir les enfants du bus. Ils n'ont pas à rester là. Tu es d'accord ?

Les bébés, ils m'ont trahi. Alors je préfère qu'ils sortent, sinon, ils vont m'énerver. Je dis oui, une seconde fois, et j'ajoute :

— Vous pouvez les faire sortir. Je reste là, avec le chauffeur, jusqu'à ce que Chloé arrive.

— Le temps de la trouver dans son collège et de l'amener jusqu'ici, ça va prendre un moment. Tu ne veux pas t'asseoir ? Tu as notre parole. Nous allons chercher ton amie, tu pourras lui parler. En attendant, tu ne veux pas t'asseoir ?

Le type se répète, mais je crois qu'il a raison. Je suis fatigué de rester debout. Le chauffeur est crispé. Je baisse doucement mon cutter, et j'ai l'impression de ne plus sentir ma main, ni mon bras. Je me mets à trembler, et j'ai la tête qui tourne. Un quart de seconde, je ferme les yeux. J'ai quand même réussi. Chloé va venir, rien que pour moi, et...

Je n'ai pas le temps de rouvrir les yeux. Un homme se jette sur moi, l'autre me tord les bras dans le dos et m'oblige à m'allonger dans le couloir central du bus. Ils me font mal. Je hurle. Je sens qu'ils m'attachent les mains dans le dos. Les menottes se referment sur mes poignets. Je panique. Il ne faut pas que Chloé me voie comme ça. Je me débats, je donne des coups de pieds. Je suis assez grand et assez fort pour me défendre. J'appelle Chloé dans ma tête et la supplie : Viens à mon secours !

On me force à me relever. Le chauffeur descend du bus, aidé par une femme en uniforme. Il est très pâle. Moi, on me pousse sans ménagement hors du bus.

— Bon, allez, dit un policier, on l'embarque au commissariat...

Un autre s'exclame :

— T'as vu ça ! La lame du cutter n'était même pas sortie ! C'est vraiment débile... Enfin, la comédie est terminée.

Terminée ? Mais je ne veux pas aller au commissariat, j'attends Chloé et...

Et là, je les vois tous : les bébés, le chauffeur, les policiers, et je comprends qu'ils m'ont menti.

Chapitre 6

Lundi, 9 heures 20. Tourcoing.
Collège Pablo Picasso. Classe de 4e A.

Le principal du collège a interrompu le cours de français et demandé à l'élève se prénommant Chloé de bien vouloir le suivre dans son bureau. Chloé se lève, jette un regard inquiet à ses copines. Elle ne sait pas pourquoi le principal veut la voir d'une manière si urgente. Elle traverse la classe et tout le monde lève les yeux vers elle. Une fois dans le couloir, le principal lui dit en quelques mots ce qui s'est passé : un adolescent de quinze ans, originaire du village d'Anicourt, près de Lille, a détourné ce matin son bus de ramassage scolaire et menacé le chauffeur à l'aide d'un cutter. Le jeune homme a déclaré qu'une certaine « Chloé » de la classe de 4e A, rencontrée à la patinoire, l'attendait dans son collège.

— Venez avec moi dans mon bureau, a conclu le principal. Nous devons mettre cette affaire au clair.

Pour se rendre au bureau du principal, il faut traverser tout l'établissement et descendre deux étages. Chloé n'a pas ouvert la bouche, stupéfaite par ce qu'elle vient d'entendre. Elle pense d'abord qu'il s'agit d'une erreur, avant de comprendre. Elle revoit ce gars qui l'a importunée plusieurs fois à la patinoire, au point que samedi dernier, elle a préféré ne pas y aller.

Un gros type à l'air bête qui répond tout à fait à la description donnée par le proviseur. La plupart du temps, il se contente de rester sur les bords, à patiner aussi gracieusement qu'un éléphant, en la regardant avec une tête de débile profond. Mais il a aussi tenté de la faire tomber à plusieurs reprises.

Le principal fait signe à la jeune fille d'entrer dans son bureau. Il l'invite à s'asseoir et s'assied à son tour.

— Bon Chloé, alors, c'est quoi, cette histoire ?

— Je n'en sais rien. Je ne comprends pas.

— Tu le connais, au moins, ce gars ? Tu sais qui c'est ?

Chloé prend une large inspiration. La dernière fois, en sortant de la patinoire, ses copines se sont moquées d'elle :

— T'as vu, Chloé ? T'as ton amoureux qui te regarde... On dirait même qu'il bave, tellement il te mate !

Chloé relève la tête. Elle regarde le principal droit dans les yeux et dit lentement, en détachant bien les syllabes :
— Non, Monsieur le principal. Je ne le connais pas. Je ne sais même pas qui c'est.

Cathy Ytak est née le 16 juin 1962, dans la banlieue de Paris.

Elle commence à travailler à l'âge de 18 ans et exerce de nombreux petits métiers : des ménages, des gardes d'enfants, du tri dans des centres postaux, etc. Puis elle travaille sept ans dans un magasin de photo.

Dans le même temps, elle commence à animer des émissions de radio, sur plusieurs radios alternatives. Elle devient ensuite journaliste professionnelle et écrit dans des magazines culturels. Elle travaille également pendant deux ans dans une maison d'édition.

Passionnée par la Catalogne, elle choisit de devenir traductrice de catalan, et reprend des études pour y parvenir, à Paris, puis à Barcelone.

En 2000, elle publie son premier roman pour adolescents/jeunes adultes : « Place au soleil ».

Son roman « Les murs bleus » a reçu « Le prix des lycéens allemands 2008 ».

Cathy Ytak partage son temps entre l'écriture de romans jeunesse et la traduction. Elle vit une partie de l'année dans un petit village de montagne, pas très loin de la Suisse.

On peut la retrouver sur son site internet *(http://www.cathy-ytak.net)* et sur son blog *(http://www.ytak.fr)*.